マンガワークシートで学ぶ 多様な性と生

ジェンダー・LGBTQ・家族・自分について考える

渡辺大輔
Daisuke Watanabe

子どもの未来社

はじめに

「女の子なんだから」「男の子なんだから」、「女の子なのに」「男の子なのに」……だから「女らしくしなさい」「男らしくしなさい」と注意をされたり怒られたりした経験を多くの人がしてきました。一方で、「女の子らしいね」「男の子らしいね」と褒められたり励まされたりした経験もあるでしょう。こういった言葉をつかって、子どもたちを叱咤激励したことがある人も多くいるのではないでしょうか。

ここで言われている「女らしさ」「男らしさ」とはいったい何を指すのでしょうか。これらは時代や地域、文化によって異なり、また、個々人においても共通したものではないということ、つまり「本質的」な「女らしさ」「男らしさ」というものはない、そもそも性は多様であるということを、私たちはこれまでの経験からすでに知っています。

それにもかかわらず、さまざまな場で、私たちは性別をものすごく気にしてしまいます。「女らしさ」「男らしさ」という価値観は社会の仕組みや慣習に残り、それが私たちの生き方に大きく影響しています。これらが私たちの生き方を制限したり、対等で平等な関係性を阻害したりして、生きづらさを生み出してきました。

日本国憲法には、「すべて国民は、個人として尊重される」（第13条）、「すべて国民は、法の下に平等であつて、人種、信条、性別、社会的身分又は門地により、政治的、経済的又は社会的関係において、差別されない」（第14条）とあります。

1999年に施行された男女共同参画社会基本法では、「男女が、互いにその人権を尊重しつつ責任も分かち合い、性別にかかわりなく、その個性と能力を十分に発揮することができる男女共同参画社会の実現」が目指されています。それに基づき策定された「第4次男女共同参画基本計画」（2015年）では、「初

等中等教育において、児童生徒の発達段階に応じ、社会科、家庭科、道徳、特別活動等学校教育全体を通じ、人権の尊重、男女の平等や男女相互の理解と協力の重要性、家族や家庭生活の大切さ等についての指導を行う」といった「教育・学習の充実」が求められています。

　また、2015年に文部科学省が出した通知において、「性同一性障害に係る児童生徒や『性的マイノリティ』とされる児童生徒に対する相談体制等の充実」として「学級・ホームルームにおいては、いかなる理由でもいじめや差別を許さない適切な生徒指導・人権教育等を推進すること」が求められています。

　ユネスコは「国際セクシュアリティ教育ガイダンス」（2009年初版、2018年改訂版）で、5歳からのセクシュアリティ教育の実施を提唱しています。そこでは「多様性はセクシュアリティの基本である」として、子どもたちの現実に合わせ、「家族の多様性」が第一の学習課題として位置づけられています。

　本書は、こういったことを土台に、子どもたちが自分たちの性を考える、つまり、自分たちの生き方、生きていく環境（社会）を考えていくことを手助けするものとしてつくりました。特に2018年度および2019年度から「特別の教科」となった「道徳」の授業では、「考える」ことが求められています。マンガという形は、より具体的に「考える」ことを手助けしてくれる親しみやすいツールです。本書には「答え」は書いてありません。「多様な性と生」についてみんなで話し合い、私たちの多様性を前提とした学校や社会について考え、みんながより豊かな生き方を模索できる手助けができたら光栄です。

はじめに 2
ワークシートの使い方 6

1 性別による「らしさ」「役割」について考える……7

①「女らしさ」「男らしさ」って？……8
ワークシート1……9
解説●「女の子はすぐ泣く」「男の子は泣かない」と言われることがあるが、
　　　そもそも感情の表現は性別に関係ない……10

② どんなおもちゃで遊びたい？……12
ワークシート2……13
解説●女の子でも男の子でも好きなおもちゃ、遊びはいろいろ……14

③ 虫が苦手な男の子、裁縫ができない女の子……16
ワークシート3……17
解説●虫を怖がるかどうか、裁縫が得意かどうかは性別に関係ない……18

④「手伝おうか？」はダメ？……20
ワークシート4……21
解説●気持ちの切り替えだけでなく、社会的課題として考えることも必要……22

⑤ 力仕事は男がやるの？……24
ワークシート5……25
解説●それぞれに自分の力を発揮し、活躍できるような声かけを……26

⑥ 自分の呼び名（一人称）、どうしてる？……28
ワークシート6……29
解説●自分が使いたい一人称を安心して使えるような環境に……30

⑦ 男が男のアイドルを好きになるって変？……32
ワークシート7……33
解説●「好き」な気持ちは、異性に向いたり同性に向いたり、個人によってさまざま……34

⑧ 違うっておもしろい！……36
ワークシート8……38
解説●みんなが生活しやすくなる方法を、みんなで考える……37

コラム column
「女子力」ってなんだろう？……40

2 性の多様性について考える
「好きな人、好きなもの／こと」などの尊重……41

⑨ いろいろなトイレ……42
ワークシート9……43
解説●さまざまな人たちが安心して使えるトイレの形を考える……44

⑩ あなたはどんな制服を着たい？……46
ワークシート10……47
解説●どの制服を選んでも排除されない、安心できる学校と人間関係づくりを……48

⑪ **恋バナしたい？したくない？**……50
ワークシート11……51
解説●恋心は異性に向く場合も、同性に向く場合も、誰にも向かいない場合もある
　　　楽しく会話できる関係性をつくる……52

⑫ **好きな人は誰？**……54
ワークシート12……55
解説●「異性愛」も「同性愛」も「両性愛」も「無性愛」も、性の多様性の中に対等に
　　　位置づく……56

⑬ **どんな人が好き？**……58
ワークシート13……59
解説●好きになるタイプや相手に求めることが、性別や「らしさ」に縛られていないか……60

コラム column
マンガ　カミングアウト……62
「カミングアウト」ってどういうこと？……64

3　自分の生き方、みんなの生き方について考える……65

⑭ **どんなデートがしたい？**……66
ワークシート14……67
解説●同性カップルも異性カップルもどんなカップルも、それぞれの希望が尊重される
　　　社会に……68

資料　多様な性の樹形図……70

⑮ **どんな職業に就きたい？**……72
ワークシート15-1……73　　　ワークシート15-2……77
解説●性別による能力の制限がなく、いろいろなことに挑戦できる環境が大切……74

⑯ **家族のカタチって何？**……78
ワークシート16……79
解説●さまざまな家族のカタチがある
　　　さまざまな関係性の中で自分が生きていることを知る……80

⑰ **どっちが女/男役？**……82
ワークシート17……83
解説●性別と関係なく、それぞれの力量・抱えているものを勘案し、役割分担を考える……84

⑱ **「自分らしさ」が大切って言うけど……**……86
ワークシート18……87
解説●「自分らしさ」に縛られずに、「自分」を生きる……88

⑲ **私ってどんな人？**……90
ワークシート19…91
解説●"いろいろな人・こと"との関わりの中で、「私」をつくる……92

おわりに……94

ワークシートの使い方

- 各ワークシートは、B5のコピー用紙に必要枚数のコピーをとって使用してください。
    - ※ただし、38〜39ページは見開きのワークシートになっておりますので、この部分は、B4のコピー用紙にコピーしてください。
    - ※62〜63ページの「column マンガ カミングアウト」はワークシートではありませんが、64ページと共にコピーして使うことができます。子どもの発達段階に合わせてご使用ください。

- ワークシートには、"何年・何組・名前"等を記入する欄をつくっていません。どうしても必要な場合は、スペースをご利用ください。ワークシートの作成側としては、テーマによりデリケートな内容になるものもあるため、個人情報を特定する欄をあえてつくりませんでした。

- 各テーマごとに、対象学年を記しました。最終的には、実際に授業をする対象の子どもたちの発達段階に合わせて、使用者の判断で使用してください。

- 各テーマごとに、学習指導要領（小学校・中学校）における位置づけを記しました。「道徳」の時間で使用することを想定していますが、「特別活動」（学級活動）や「総合的な学習の時間」など、他の時間でも、もちろんご使用いただけます。また、小学校、中学校から高校、大学まで繰り返し使用することができます。

- 「学習指導要領（道徳）における位置づけ」に記されている小、中は、小が小学校、中が中学校を示します。

- 各テーマごとに、「目的」「予想される答えの例」「話し合いのポイント」「解説」を記しました。授業の進め方を考える際、参考にしてください。

- ワークシートに決まった「答え」はありません。ワークシートを使うときに、そのことを子どもたちに伝えてください。

★本書の書名にあるLGBTQのLはレズビアン、Gはゲイ、Bはバイセクシュアル、Tはトランスジェンダーを指します。Qは、性のあり方が揺れていたり、わからなかったりする"Questioning"（クエスチョニング）や、異性愛主義や性別二分法を問い直すためにポジティブに使われる"Queer"（クィア＝不思議な、変わった、奇妙な）の意味があります。70〜71ページの資料「多様な性の樹形図」もご参照ください。この資料はコピーして使うことができます。

1
性別による
「らしさ」「役割」について
考える

❶ 「女らしさ」「男らしさ」って？
❷ どんなおもちゃで遊びたい？
❸ 虫が苦手な男の子、裁縫ができない女の子
❹ 「手伝おうか？」はダメ？
❺ 力仕事は男がやるの？
❻ 自分の呼び名（一人称）、どうしてる？
❼ 男が男のアイドルを好きになるって変？
❽ 違うっておもしろい！
コラム◉「女子力」ってなんだろう？

対象 ▶ 幼児・小学生（低学年）以上

❶「女らしさ」「男らしさ」って？

目的：「らしさ」・性別役割の枠組みを問い直す

学習指導要領（道徳）における位置づけ

A　主として自分自身に関すること
　　［個性の伸長］小
　　［向上心，個性の伸長］中
B　主として人との関わりに関すること　　［友情，信頼］小 中

※「特別活動」（学級活動）や「総合的な学習の時間」などでも使えます。

予想される答えの例（ワークシートに対して）

- 男なんだから泣かない方がいい
- 男の子でも泣いたっていい
- 「女の子みたい」って言われてかわいそう
- よもぎちゃんは男の子みたい

話し合いのポイント

- よもぎちゃんは泣いてる豆太くんに、なぜ「女の子みたい」と言ったのでしょう。
- 男の子は泣きたくなることはないのでしょうか。
- 女の子はすぐに泣いてもいいのでしょうか。
- どんなときに泣きたくなりますか。
- 泣きたくなる気持ちに性別は関係ありますか。
- 「男の子は泣いてはいけない」というのはどこで聞きましたか。
- 「女の子は泣いてはいけない」と聞いたことがありますか。
- 悲しい、さみしい、怖い気持ちを我慢し続けると、どうなってしまうでしょう。
- あなたの悲しい、さみしい、怖い気持ちを否定せずに聞いてくれる人はいますか。
- この他に「男の子なんだから〜」「女の子なんだから〜」と言われたことがありますか。

ワークシート1

Q あなたなら何と言いますか？
※空白の吹き出しにセリフを入れてください。

出典：『知ってる？ 思春期の心とカラダ マンガ ミラクルAge BOYS&GIRLS』
マンガ／手丸かのこ 解説・監修／金子由美子 子どもの未来社刊

「女の子はすぐ泣く」「男の子は泣かない」と言われることがあるが、そもそも感情の表現は性別に関係ない

　男の子が「めそめそ」泣くと、「男のくせに泣くな」「男の子なんだから泣かないの」「女の子みたい」と言われてしまいます。一方で、女の子が「けろっ」としていると「男の子みたい」と言われてしまいます。裏を返せば、「女の子はすぐ泣く」「男の子は泣かずにけろっとしている」といった性別観となります。

　こういった言葉がけが積み重なることで、男の子は弱音を吐けなくなり、自分の中で抱え込んでしまったり、逆にいばったりごまかしたりすることで「強い男」を演じたりします。一方、女の子は「弱い存在」として内面化してしまうことがあります。

　そしてこういった「男らしさ」や「女らしさ」の枠組みから外れた人を、「〜らしくない」、「〜っぽい」と言ってからかいの対象とすることも起こります。

　ここでは、性別に関係なく泣きたくなることもあるし、感情を素直に表現することは良いことでもあると確認し、しかし、泣き続けていると他者とのコミュニケーションが取りにくくなることは、性別に関係なく起こるので、その対処策などをみんなで考えることが大切になるでしょう。

　それが、「女らしさ」や「男らしさ」、「これが女である」や「これが男である」、「女はこう生きるべき」や「男はこう生きるべき」

① 「女らしさ」「男らしさ」って？

といった性別の枠組みを乗り越え、みんなが対等な関係を築くことにつながるでしょう。

　こういった性別の枠組み、それについての意識は、地域や文化によって異なります。また、時代や歴史の中で変化しています。個人それぞれにおいてもその意識や価値観は異なったり変化したりしているでしょう。つまり、これらは社会的に絶対的なものではなく、社会的・文化的に私たちがつくり続けてきた性のあり方だといえるでしょう。これを身体の性別を指す「セックス」とは区別して、「ジェンダー」といいます。ジェンダーという概念を見いだしたことで、それが私たちの力によって変更可能だと認識できるようになりました。

　さらには、人間の性は非常に多様であるにもかかわらず、社会生活のさまざまな場面で、人間の性を「男／女」に二分化し、それぞれにいろいろな意味づけをしていく、その作用自体も「ジェンダー」といいます。そういった作用がもつ問題に敏感で、意識的であることを「ジェンダー・センシティブ」といい、これからはジェンダー・センシティブな学校や社会が求められます。

対象▶幼児・小学生（低学年）以上

❷ どんなおもちゃで遊びたい？

目的：「らしさ」・性別役割の枠組みを問い直す

学習指導要領（道徳）における位置づけ

A　主として自分自身に関すること
　　　[個性の伸長] 小
　　　[向上心，個性の伸長] 中
B　主として人との関わりに関すること　　[友情，信頼] 小 中
　　　※「特別活動」（学級活動）や「総合的な学習の時間」などでも使えます。

予想される答えの例（ワークシートに対して）

- 女の子なのに電車遊びが好きなの？
- 男の子なんだから外で遊んできたら？
- 男の子なのにおままごとやぬいぐるみが好きなんてヘンだよ
- 電車やロボットのおもちゃは男の子のもの
- 好きなおもちゃで遊んでていいね
- 楽しそうだね

話し合いのポイント

- 女の子が電車やロボットが好きなのはおかしいでしょうか。
- 男の子はなんで外遊びを勧められるのでしょう。
- 女の子は外で遊びたくないのでしょうか。
- おままごとが好きな男の子は、なぜ「ヘン」って言われてしまうのでしょうか。
- おままごとやぬいぐるみは女の子用ですか。それはなぜですか。
- 自分が好きなものを「ヘン」と言われたら、どんな気持ちになりますか。
- 自分が好きなもので遊べないとき、どんな気持ちになりますか。
- あなたはどんなおもちゃが好きですか。

ワークシート2

Q このお父さん、お母さんは何と言っていると思いますか?
※空白の吹き出しにセリフを入れてください。

解説

女の子でも男の子でも
好きなおもちゃ、遊びはいろいろ

　町のおもちゃ屋さんに行くと、いろいろなおもちゃがなんとなく「女の子用」「男の子用」と分かれて陳列されています。「女の子用」「男の子用」と書いてなくても、子どもたちを含め私たちはそのように認識してしまいます。ある子どもが「これが欲しい〜」とおねだりをしたときに、保護者が「それは女の子／男の子のだから他のものにしたら？」といった声をかけてしまうかもしれません。

　でもそんなときに、「なんであの変身ベルトは男の子用なの？なんで女の子の私がつけちゃダメなの？」や、「僕は戦いごっことか苦手。おままごとと人形で楽しく遊びたいのに、なんで買っちゃだめなの？」といった疑問や不満が湧き上がってくることがあります。

　そしてそういった自分の性別に似合ったおもちゃじゃないと、「男のくせに」「女のくせに」、「女なんだから」「男なんだから」と言われて、遊びの輪に入れてもらえないこともあります。

② どんなおもちゃで遊びたい？

　女の子でも男の子でも、好きなおもちゃ、好きな遊びはいろいろです。その好きな遊びを極めることで、特技がうまれるかもしれません。それが性別によって制限されてしまったら、もったいないと思いませんか。

　子どもたちは、大人の言葉やテレビやマンガなどのメディアの言葉をちきちんと聞き取っています。それによって、これは「女の子用」なんだ、あれは「男の子用」なんだと、分けて考えるようになっていきます。

　まずは私たち大人が、性別にこだわらず、子どもたちが好きなもので楽しく遊べる環境をつくっていく必要があります。

対象▶小学生・中学生以上

❸ 虫が苦手な男の子、裁縫ができない女の子

目的：「らしさ」・性別役割の枠組みを問い直す

学習指導要領（道徳）における位置づけ

A　主として自分自身に関すること
　　［個性の伸長］ 小
　　［向上心，個性の伸長］ 中
　　※「特別活動」（学級活動）や「総合的な学習の時間」などでも使えます。

予想される答えの例（ワークシートに対して）

- 男の人でも虫が苦手な人がいる
- 男なのに虫が苦手なんて意気地がない
- この女の人は強い
- 「男っぽい」「男まさり」な女の人
- 女の人でも虫が苦手な人がいる
- 女なのにボタンがつけられない
- 男なのに裁縫が得意
- 性別に関係なくボタンぐらい自分でつけられる方がいい

話し合いのポイント

- なんで虫の苦手な男の子は「意気地がない」、「度胸がない」などと言われてしまうのでしょう。
- 虫が苦手な女の子が「意気地がない」、「度胸がない」などとあまり言われないのはなぜでしょう。
- 虫が好きだったり、苦手だったりすることに、性別は関係ありますか。
- あなたは虫は好きですか？　どんな虫が好きですか？　嫌いですか？
- ボタンつけなどの裁縫は女の子がするものですか。
- 裁縫が得意な男の子は「ヘン」ですか？
- あなたは自分の洋服のボタンが取れたとき、自分でつけられますか。
- あなたの得意なことは何ですか。

ワークシート3

Q 上と真ん中のコマの登場人物を見て、どう思いますか？
※ 空白の吹き出しに思ったことを書いてください。

虫を怖がるかどうか、裁縫が得意かどうかは性別に関係ない

　教室の中で虫を見つけてしまったときに、男子が「きゃ〜」とか「わぁ〜」と驚いたり怖がったりする声を上げると、「お前、男のくせに弱いなぁ」とか「女かよ」「オカマみたい」といった声がかけられることがあります。

　また裁縫や料理ができることは「女子力」といって「女子ならできて当たり前」と思われ、それが苦手な女の子は「女のくせに」や、「女なんだからそれぐらいできないと彼氏できないよ」などと言われてしまいます。特に後者の言葉には、「男子は裁縫ができなくてもいい。だって男子だから」、だから「女子がボタンつけをしてあげる」といった性別役割意識が入り込んでいます。

　そういったときに、「なんで"男のくせに"とか"女のくせに"っていう言葉がつくの？」と聞いてみましょう。また、「"男なら虫を怖がらない"とか"女なら裁縫ができて当たり前"って誰に聞いたの？」と聞いてみましょう。家族やきょうだい、テレビやマンガなどのメディアで見聞きしたといった答えが返ってくるかもしれません。

③　虫が苦手な男の子、裁縫ができない女の子

　その上で、そういった情報は本当なのだろうかと調べてみると、虫を怖がるかどうかは性別に関係なく、また裁縫が得意かどうかも性別に関係なく、さまざまな人がいること、虫の生態などを扱う仕事をもつ女性や、裁縫や料理などを仕事とする男性がいることも発見できるでしょう。

　性別に関係なく、自分の好きなこと、得意なことに打ち込める環境が大切であること、生活するにあたって、性別に関係なく誰もができた方がいいこと、といったことなどを自分自身のこととして考えてみましょう。

対象▶小学生（高学年）・中学生以上

❹「手伝おうか？」はダメ？

目的：「らしさ」・性別役割の枠組みを問い直す

学習指導要領（道徳）における位置づけ

A　主として自分自身に関すること
　　［個性の伸長］小
　　［向上心，個性の伸長］中
C　主として集団や社会との関わりに関すること　［公正，公平，社会正義］小中

※「特別活動」（学級活動）や「総合的な学習の時間」などでも使えます。

予想される答えの例（ワークシートに対して）

- 他人事のように聞こえる
- せっかく「手伝おうか？」と気遣っているのに、ムッとする理由がわからない
- 「手伝う」という言葉には、家事は女性（妻）が主に担うものという価値観があるから
- 家事や子育ては二人で分担するはずなのに
- 男性は外で仕事もしているから仕方がない

話し合いのポイント

- 男性が「手伝おうか？」と言ったときの思いを考えてみましょう。
- その思いの前提になっている価値観（性別役割意識）はどのようなものでしょうか。
- 「手伝おうか？」の他に、言われて「ムッとする」言葉はありますか。
- 専業主婦がいる家庭と共働き家庭の世帯数の推移を調べてましょう。
- 男性は一日にどれぐらい家事・育児に時間を費やしているでしょうか。他国の状況と比較してみましょう。
- なぜこのような格差が生まれるのでしょうか。

ワークシート4

Q この女性はパートナーの男性から「手伝おうか？」と言われて、なぜムッとしていると思いますか？　※下の記入欄にあなたの考えを書いてください。

気持ちの切り替えだけでなく、 社会的課題として考えることも必要

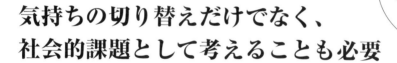

　生活におけるパートナーシップ、特に異性のパートナーと生活をつくっている場合、共働きであっても、家事や育児を女性が多く担っている現実があります。

　相手を気遣って「手伝おうか？」と言ったのに、相手にムッとされてしまったとき、気遣った方としては「なんで？」と不思議に思ったり、「せっかく気遣ったのに」と怒りの感情が生まれてきてしまうこともあるでしょう。しかしこの「手伝おうか？」という言葉の背景には、不均衡な性別役割意識が前提にあることに気づく必要があります。「手伝う」ということは、それを主に担うのは相手であるといった前提があります。相手はそこにムッとくるわけです。家事や育児は互いに分担するはずなのに、なぜあなたは「手伝う」だけなのかと。いつからあなたは「手伝う」存在になったのかと。

　現在の日本においては、共働き家庭が圧倒的多数です。互いに仕事をもっているにもかかわらず、帰宅してからの家事や、仕事を早く切り上げて育児をしたり、介護のために仕事を辞めたりすることを、女性が多く担っています。男性の家事・育児の従事時間は世界的にみても非常に少ないものとなっています。それは内閣府が毎年公表している『男女共同参画白書』に掲載されているデータをみても一目瞭然です。

④ 「手伝おうか？」はダメ？

　そこには、パートナー同士の性別役割意識と共に、男性が職場で長時間労働を強いられやすかったり、育児休暇を取得しにくい雰囲気があったり、これまでの生育歴で男性というだけで家事・育児に関する訓練をしてこなかったりといったことがあると考えられます。

　つまり、これらのことは、個人の価値観の問題だけではなく、それを生み出す社会システムの問題でもあるということです。

　もちろん、こういったパートナー間でのすれ違いは、同性パートナー間においてもみられます。そこにも性別役割意識の影響があるかもしれませんが、他にも年齢や収入の違いから、役割分担の不均衡ができているかもしれません。それは異性間パートナーにおいても同様です。

　したがって、個人の気持ちの切り替えを求めるだけではなく、対等な関係をつくる、対等に行動できるような働き方やそれを実現するための社会的支援・保障があるかといった"社会的課題"として考えることが必要となります。

対象 ▶ 小学生（低学年）以上

❺ 力仕事は男がやるの？

目的：「らしさ」・性別役割の枠組みを問い直す

学習指導要領（道徳）における位置づけ

A　主として自分自身に関すること
　　［個性の伸長］ 小
　　［向上心，個性の伸長］ 中
B　主として人との関わりに関すること　［友情，信頼］ 小 中

※「特別活動」（学級活動）や「総合的な学習の時間」などでも使えます。

予想される答えの例（ワークシートに対して）

- 男子でも力仕事が得意な人と不得意な人がいる
- 女子でも力仕事が得意な人と不得意な人がいる
- 男子でも細かなことが得意な人と不得意な人がいる
- 女子でも細かなことが得意な人と不得意な人がいる
- 力仕事を男子に限定するのは良くない
- 受付係を女子に限定するのは良くない

話し合いのポイント

- この先生はなぜ男子に机運びを、女子に受付の準備を頼んだのでしょうか。
- こういった声かけによって、私たちはどんなことを学びとるでしょうか。
  （男子は力があって当然。力がない男子はだらしがない。女子は細かい作業ができなくてはならない。そうではない女子は「女子力がない」。など）
- いろいろな人が安心して活躍できるようにするには、どのように声をかければいいでしょうか。

ワークシート5

Q このマンガを見てどう思いますか？
※下の記入欄に思ったことを書いてください。

それぞれに自分の力を発揮し、活躍できるような声かけを

　学校の先生から「男子は机を運んで〜。その間に女子は掃きそうじをしてね」「女子の日直さん、このお花を飾っておいて」といったような声かけがされることがあります。その他にも「まず男子取りに来て〜。それから女子ね」や「女子はこっちで、男子はこっちね」といったような声かけもあるでしょう。

　なぜ先生がそのように声をかけるかというと、たくさんの人がいるクラス（集団）を性別役割で仕事分けすると、効率的に管理し統制しやすいということが、すでに身体に染みついているからです。先生方も子どもの頃からそのようにされて学校生活を送ってきました。だから、特に深く考えることなく、自分がそうされてきたことを「そうするものだ」とか「当たり前」だと思ってそのまま再生産しています。

　先生方がそう思わされてきたように、子どもたちもまた、それを「当たり前」だと学びとり、内面化していきます。それらは授業の「指導案」に書かれていることとは違い、先生はそのことを意識的に教えようとしているわけではありません。子どもたちの前での日常的な言動が、無意識的に子どもたちの「教材」となり、子どもたちに学びとられていきます。それを「隠れたカリキュラム（ヒドゥ

⑤ 力仕事は男がやるの？

ンカリキュラム）」といいます。

　例えば今回のケースでは、力仕事が不得意な男子は、「自分はダメな男なんだ」と自己否定してしまったり、周りの子どもたちも、「あいつは男らしくない」とネガティブな価値観を込めてレッテルを貼ってしまうかもしれません。女子においても同様です。飾り付けなどが苦手な女子は「"女子力"がないダメな女子」と言われてしまうかもしれません。また、細かな作業が得意な男子や、力仕事が得意な女子は、自分の力を発揮する場を性別によって奪われてしまうことになります。

　腕力などの筋力は、平均的には男性の方が女性よりもありますが、そこには個人差が隠されています。特に急激な成長・発達の過程にある小学生、中学生の段階では、性別による差よりも個人差の方が大きく出ることがあります。もちろん美的センスや作業の器用さも個人差の方が大きいでしょう。

　さまざまな能力や可能性をもった私たちが、それぞれに自分の力を発揮して、活躍できるような声のかけ方をみんなで考えてみましょう。

対象 ▶ 小学生（低学年）以上

❻ 自分の呼び名（一人称）、どうしてる？

目的：「らしさ」・性別役割の枠組みを問い直す

学習指導要領（道徳）における位置づけ

A　主として自分自身に関すること
　　［個性の伸長］小
　　［向上心，個性の伸長］中

※「特別活動」（学級活動）や「総合的な学習の時間」などでも使えます。

予想される答えの例（ワークシートに対して）

- 俺（おれ）
- あたい
- 僕（ぼく）
- おいら
- うち
- わい
- あっし
- ○○○（自分の名前で）

話し合いのポイント

- いろいろな自分の呼び名（一人称）を考えてみましょう。
- 性別に関係して使われているもの、もしくは性別に関係なく使われているものは、それぞれどのようなものがあるでしょうか。
- 時と場合によって使い分ける「一人称」はありますか？　それはどんな時や場によりますか？
- 「一人称」を使わずにおしゃべりできるか試してみましょう。
- あなたが使いたい「一人称」は何ですか。　それは安心して使えますか？
- いろいろな人がいろいろな「一人称」を安心して使えるようにするにはどうしたらいいでしょうか。

ワークシート6

Q ほかにどんな一人称（自分の呼び名）がありますか？
※空白の吹き出しに書いてください。

自分が使いたい一人称を
安心して使えるような環境に

　私たちは会話のあちこちで「一人称」を使っています。今使っている「一人称」はいつごろからどのような場面で使うようになったか覚えていますか？　例えば、男の子であれば、かなり幼いころは「ぼく」と使っていたものが、男の子同士で集団をつくるようになってくると、「おれ」という一人称を使うようになったりします。そんな中、「ぼく」を使うこともあまり「男らしくない」と見なされる上、男の子が「わたし」と使うと、「男のくせに"わたし"だって！　女みたい！」と揶揄されたりします。「おとなになったらみんな"わたし"って使うよ」と言っても、子どもたちにはあまり実感がありません。男女とも、性別と深く結びついた「一人称」を使い合うことで、あたかも同質的な仲間意識を確認し合っているかのようにもみえます。

　ただし、子どもたちが見ているアニメやマンガで使われている「一人称」は、もっと自由度が高いようです。「おら」という一人称が流行ったり、女の子が「ぼく」を使ったり、ある地域の方言だった「うち」が広く使われるようになったり。子どもたちはいろいろなものに影響されながら、その都度、自分が使いたいものや自分に似合ったもの、集団の中で使われているものなどを選択して使って

⑥ 自分の呼び名（一人称）、どうしてる？

います。

　しかし、男の子が「あたし」と言ったり、女の子が「おれ」と言ったりするような性別に合っていないとされる使い方をしたり、言葉として「汚い」「乱暴」とされるものを使っていると、親や学校の先生から、それらは使ってはいけないといったような注意を受けることがあります。

　そのように言われたときにとても困る子どもたちもいます。出生時にあてがわれた性別ではない性別が自分の性別だと認識している子どもにとっては、上記のように揶揄されたり注意されたりしてしまうと、自分が使える「一人称」がなくなってしまい、会話自体が難しくなってしまうことがあります。「男らしくない」「女らしくない」とされる子どもたちも、自分がせっかく選んだものを「ダメ」と言われると、無口にならざるを得ません。

　ここでは、なるべくたくさんの選択肢があることをみんなで考えることで、自分が使いたいものを安心して使えるような関係づくりにつなげることが重要となります。

対象▶小学生（中学年）以上

❼ 男が男のアイドルを好きになるって変？

目的：「らしさ」・性別役割の枠組みを問い直す

学習指導要領（道徳）における位置づけ

A　主として自分自身に関すること
　　［個性の伸長］小
　　［向上心，個性の伸長］中
B　主として人との関わりに関すること　［相互理解，寛容］小 中

※「特別活動」（学級活動）や「総合的な学習の時間」などでも使えます。

予想される答えの例（ワークシートに対して）

- 変なことではないよ
- どうして男が男のアイドルのファンだと変なの？
- 女で女のアイドルが好きな人だってたくさんいるよ
- 男が男を好きになるのは変だって思っている方が変だよ
- あこがれとしての「カッコイイ」なら同性でもある
- あこがれとしての「カッコイイ」や「好き」なら変じゃない
- 恋愛感情的なものでも、あこがれでも、異性も同性も変じゃない

話し合いのポイント

- この女の子は、なぜ「男が男のアイドルのファンなんて変」だと思ったのでしょうか。
- この男の子は、なぜ「変」だと言われるのが「いやだった」のでしょうか。
- 「あこがれ」ならいいけど、「本気の好き」なら「変」だという考えには、どのような思い込みがあるのでしょうか。
- 好きなものを好きだと言えない関係や、そういった場をつくっているのは、誰のどのような思い込みによるものでしょうか。
- あなたの友だちの輪の中でこういった発言があったときに、あなたはどのような発言をしたらいいでしょうか。

ワークシート7

Q ある日の保健室の会話です。同性を好きになるのは変ですか？
※空白の吹き出しにあなたの考えを書いてください。

出典：『知ってる？ LGBTの友だち マンガ レインボーKids』
マンガ／手丸かのこ 解説・監修／金子由美子 子どもの未来社刊

解説

「好き」な気持ちは、異性に向いたり
同性に向いたり、個人によってさまざま

　テレビを見ていれば、多くの番組に「アイドル」たちが登場して、歌やダンス、トークなどで、私たちを楽しませてくれます。こういったアイドルにあこがれて、自分もアイドルになりたい！　と思う子どもたちも多くいるでしょう。または、恋愛感情や性的欲望に近い思いで、あるアイドルのことが気になったり、ファンになったりすることもあるのではないでしょうか。

　友だちとのおしゃべりの中でも、「昨日のテレビ見た？　あれに出てたアイドルグループの中で誰が一番好き？」「あのアイドル、すっごいカワイイ／カッコイイよね〜」といったやりとりも、気軽に交わされているでしょう。

　例えば、男子の集団の中で、「あのアイドルグループで誰が一番カワイイと思う？」と女性グループを対象に話し合ったりするときに、あまり女性アイドルには関心がなく、むしろ男性アイドルに、「カッコイイ」とか「好き」という気持ちをもっている男子は、こういった会話の中で、「とりあえず」ある女性アイドルの名前を出してみたり、「アイドルには興味ない（男性アイドルなら興味津々だけど）」と心の中で言葉を足してみたりして、その場を乗り切っているかもしれません。もしくは、となりで男性アイドルについて

⑦ 男が男のアイドルを好きになるって変？

話している女子グループに混ざって話したいと思っているかもしれません。

しかし、このマンガのように自分の好きな気持ちを「変」だと言われてしまうのではないかという不安を抱いたり、実際に「変」だと言われてしまったら、自分の気持ちを誰にも言わずに抑え込んでしまったり、友だちと楽しく会話ができなくなってしまったりします。

「好き」な気持ちは、「あこがれ」であっても、「恋愛感情」のようなものであっても、異性に向いたり同性に向いたり、そういうことに興味がなかったり、個人によってさまざまです。そのうちのどの気持ちも「変」ではないということを、みんなで確認し、その上で、好きなものは好きだと安心して楽しくおしゃべりできる関係をつくっていくことが大切です。

対象 ▶ 小学生・中学生以上

❽ 違うっておもしろい！

目的：個性の尊重、多様性をもとにした社会づくり

学習指導要領（道徳）における位置づけ

A　主として自分自身に関すること
　　［個性の伸長］小
　　［向上心，個性の伸長］中
C　主として集団や社会との関わりに関すること　［公正，公平，社会正義］小 中
　　※「特別活動」（学級活動）や「総合的な学習の時間」などでも使えます。

予想される答えの例（ワークシートに対して）

- 学校にはいろいろな人がいる
- 足で歩く人もいれば、車いすを使っている人もいる
- 肌の色が薄い人もいれば、濃い人もいる
- 男性同士のカップルもいるし、一人の人もいる
- 体型が細い人もいれば、太い人もいる
- 洋服が制服っぽい人もいれば、私服の人もいる
- 眼鏡をかけている人もいれば、かけてない人もいる
- 髪の毛が長い人もいれば、短い人もいる
- 「だれでもトイレ」がある
- 生徒や教師がいる

話し合いのポイント

- この学校にはどんな人がいるでしょうか。
- ここに描かれている人以外にどんな人がいるでしょうか。
- あなたと同じ人はいますか。
- あなたと違う人はいますか。
- 私たちにはどのような違いがあるでしょうか。
- 私たちにはどのような共通点があるでしょうか。
- この学校が私たちの多様性を尊重するために行っていることは何でしょうか。
- 私たちの学校についても考えてみましょう。

ワークシートは 38 〜 39 ページ　　⑧　違うっておもしろい！

みんなが生活しやすくなる方法を、みんなで考える

　私たちの学校にはいろいろな人がいます。人種、民族、国籍、性別、性自認、性的指向、表現する性、障がいの有無、宗教、年齢、出身地、家族形態、地位などといった属性の複合的な多様性、さらには好みや志（こころざし）といった意識的なものの多様性も含めれば、誰一人として同じ人がいないと言ってもいいほど、私たちの学校（それを含む社会）は多様性に満ちています。

　もしこれが、みんな同じ形で、同じ髪型、同じ服装、同じ考え方、同じ行動をする人たちだけだったら、どうでしょうか。ちょっと極端な想像ですが、"なんだか私たちの存在ってロボットみたいだな、それってヤダな、怖いな"と感じる人も多くいるのではないかと思います。

　では、現実の学校にもう一度目を向けてみるとどうでしょうか。これに似たことが、いろいろなところにありませんか。つまり、私たち一人ひとりの多様性が想定されないままに決められていることや、何気なく行っていることなど、けっこう見つけることができると思います。

　そんな環境だからこそ、違いや共通性を含む私たちの多様性をみんなで考え、いろいろな人が集まっている学校が誰にとっても生活しやすくなる方法を、みんなで考えることが必要になってきます。

　注意しなければならないのは、差異を語るときに、例えば、「肌の色が濃い人がいる」というように現実の少数派だけを挙げていくのではなく、「肌の色が薄い人もいれば、濃い人もいる」というように、多数派を「普通」のままにしておくのではなく、対等に多様性の中に位置づけて語る必要があるということです。そういった考え方が、私を含むさまざまな人の「共生」について考える土台となるでしょう。

ワークシート8

Q この絵を見て、自分の学校と同じところ、違うところ、こうだったらいいなと思うところはありますか？ ※下の記入欄（左下と右下の片方だけでもよいです）に思ったことや気づいたことを書いてください。

「女子力」ってなんだろう？

Column コラム

　「女子力」という言葉は、現在かなり多くの人たちによって使われています（2009年の「新語・流行語大賞」にノミネートされたほどです）。では、「女子力」の中身とはどのようなものなのでしょうか。私が思う、あなたが思う、世間で言われている「女子力」とは何だろうということを、一つひとつあげていってみましょう。

　私が思うもの、あなたが思うもの、世間で言われているものの間で異なるものはあるでしょうか。女子がそう思っていなくても、男子がそう思っているものもあるでしょうか。その「力」とは"男性にも、性別に関係なく必要だよね"というものもあったりするでしょうか。なんでそれが「女子力」と言われるのでしょうか。

　そういったことを、みんなで丁寧に考えてみましょう。それを通して、「女子」を楽しむことも、そうではない振る舞いや生き方を楽しむことも、時と場合によって変化することも、性別を問わずに楽しむことも尊重できるように、自分自身を一人の人間としてエンパワーメントしてくれるものに変えていけると、子どもたちの将来展望も豊かに広がるのではないでしょうか。

2

性の多様性について考える

「好きな人、好きなもの／こと」などの尊重

- ❾ いろいろなトイレ
- ❿ あなたはどんな制服を着たい？
- ⓫ 恋バナしたい？したくない？
- ⓬ 好きな人は誰？
- ⓭ どんな人が好き？
- コラム◉マンガ　カミングアウト
　　　　　「カミングアウト」ってどういうこと？

対象▶小学生（中学年）以上

❾ いろいろなトイレ

目的：多様性をもとにした社会づくり

学習指導要領（道徳）における位置づけ

C　主として集団や社会との関わりに関すること　［公正，公平，社会正義］ 小 中

※「特別活動」（学級活動）や「総合的な学習の時間」などでも使えます。

予想される答えの例（ワークシートに対して）

- 車椅子の人が入れる広さがあるトイレ
- 性別問わずに入れる
- 赤ちゃんのおむつを替えるときのベッドがある
- 赤ちゃんを座らせておく台が個室についている
- 妊婦さんが入りやすい広さ
- 高齢者が入りやすいように手すりがついている
- 個室に洗い場がついている（*オストメイト対応）
- 多目的トイレ
- 誰でもトイレ

話し合いのポイント

- どんなところにどんなトイレがあるでしょうか（家、学校、ショッピングセンター、コンビニ、駅、図書館、会社、病院　など）。
- なんでこのようなトイレがあるのでしょうか。
- 「誰でもトイレ」と書いてある公共トイレもあります。どのような意味でしょうか。
- 誰かのための「専用トイレ」は必要でしょうか。
- 男性用小便器、男子の「うんこしにくい」問題を考えてみましょう。

　※男性用トイレは、小便器と個室の両方ある所が多く、個室に入ると排便をしていると思われるために、からかわれたり、恥ずかしくて排便できないという子が多い。

- 誰もが安心して排尿・排便できるトイレとはどのようなものでしょうか。

＊オストメイト…病気や事故などが原因で、お腹に手術でつくられた人工肛門・人工膀胱がある人。
　オストメイト対応のトイレには、オストメイトマーク　　　が付いている。

ワークシート9

Q 右端のトイレは何のトイレだと思いますか？
※下の記入欄に想像したことを書いてください。

さまざまな人たちが安心して使える トイレの形を考える

　近年、「多目的トイレ」や「誰でもトイレ」という表示を目にする機会が増えてきました。さまざまな人が使いやすいように設計されたものです。

　こういったトイレは男女別のトイレの内側に設置されているものもあれば、どのような性別でも使用できるように、男女別トイレとは別に設置されているものもあります。

　トイレはとかく性別と関連づけて考えられることがありますが、その性別に関して言えば、性自認（心の性別）と、自身の見た目の性別に違いがある場合、男女別のトイレではどちらにも入りにくいと感じることがあります。または、トイレに行きたい人と介助者など付き添いの人の性別が違う場合にも、同様の入りにくさがあるでしょう。そういった場合、「誰でもトイレ」や「オールジェンダートイレ」など性別を問わずに使えるトイレ、また誰かの「専用」ではないトイレがあることは、安心して排尿・排便するためにも重要となります。

⑨　いろいろなトイレ

　誰かの「専用」トイレ（例えば、トランスジェンダー専用トイレ）としてしまうと、そこを使用する人は「そういう人だ」というレッテルを貼られてしまうことにもなり、「安心」とは言えません（あるレッテルが社会的に負の価値観をも付与してしまうといった差別構造も同時に問い直していく必要があります）。

　私たちは、トイレに行きたくなる頻度や、トイレにかかる時間など、個人によって、時と場合によって、異なります。そういった多様な私たちが安心して使用できるトイレの形というものも考えていく必要があるでしょう。「多目的トイレ」「誰でもトイレ」が「特設」されるということは、それ以外の「通常」のトイレは、それだけで困らない一部の人の存在が前提となっていると考えられます。これからは、何かが「特別」とされず、多様な私たちが安心して使えるシステムの考案が必要になります。

対象▶小学生（高学年）以上

❿ あなたはどんな制服を着たい？

目的：「らしさ」・性別役割の枠組みを問い直す

学習指導要領（道徳）における位置づけ

A　主として自分自身に関すること
　　[個性の伸長] 小
　　[向上心，個性の伸長] 中
C　主として集団や社会との関わりに関すること　[よりよい学校生活，集団生活の充実] 小 中

※「特別活動」（学級活動）や「総合的な学習の時間」などでも使えます。

予想される答えの例（ワークシートに対して）

- 女子用（ブレザー、セーラー服）
- 男子用（ブレザー、学ラン）
- 女子用のズボン
- 制服スカートの下にジャージ
- 男女兼用のセーター
- 女子はリボンで、男子はネクタイ
- 性別に関わらず選択、組み合わせができる
- カワイイ／カッコイイ制服
- 着崩したい
- 制服いらない

話し合いのポイント

- 近年、いろいろな制服のデザインがでてきていますが、なぜでしょう（人気のあるデザイナー、カワイイ／カッコイイ制服によって、生徒数を確保する。生徒からの要望、など）。
- 時代によって「カワイイ」「カッコイイ」とされる制服のデザインや着方があります。そういった「流行」はどのようにしてつくられているでしょうか。
- 女子用のスラックス、ズボンを選択できるようになったのはいつごろ、なぜでしょう。
- 性別を問わずに制服を選べたり、組み合わせたりできるようにした学校もあります。その理由や背景を考えてみましょう。
- 「制服」と「標準服」の違いはどこにあるでしょう。
- 「制服」の歴史を調べてみましょう。
- なぜ制服が必要とされている（されてきた）のでしょう。
- 制服に関する諸外国の状況について調べてみましょう。

ワークシート10

Q あなたはどんな制服を着たいですか？　制服についてどう思いますか？
※下の記入欄に思ったことを書いてください。

どの制服を選んでも排除されない、安心できる学校と人間関係づくりを

　現在、日本の中学校、高校（ときに小学校も）における制服（標準服）の多くは、男性用、女性用に分けられています。校則等では制服（標準服）の着用を規定していても、男性が男性用を、女性が女性用を着用しなければならないといったことまで規定している学校はあるでしょうか。たとえその規定がなかったとしても、多くの男性は男性用を、女性は女性用を選択し、着用するでしょう。

　その中で、そういった制服の着用に困難を感じる子どもたちもいます。自分の身体の性別に違和感をもっていたり、あてがわれた性別ではない性別で生きたいと思っている子どもたちにとっては、保護者や学校、周囲から求められる制服は、「自分の性別」とは違うものであるため、それを毎日着用して学校に通うことには大きな苦痛を感じます。また、「みんな同じ」にされる服装に違和感を抱く子どももいるでしょう。

　また、現在では、女子においては短いスカートで素足を出すスタイルが「カワイイ」とされるため、成長期の子どもたちが、寒い時期でもそういった格好をして身体を冷やしてしまったり、スカートの特徴上、行動が制限されてしまったり、現実の女性の服装を反映したりといった背景から、女子用のスラックス、ズボンが導入されたりもしています。

　近年、トランスジェンダーや、性別に違和感をもつ子どもへの配

⑩ あなたはどんな制服を着たい？

慮として、登録上の性別ではない制服の着用や、ジャージでの登校を認めることや、性別にかかわらずズボンやスカート、リボンやネクタイを選択、組み合わせができる制服を導入した学校もみられるようになりました。

このように選択肢が広がることはとても重要です。そういったシステムの中にいることで、性別にかかわらずさまざまな服装を選択してもいいということが「普通」の感覚として根付くかもしれません。

しかしそれには時間がかかります。選択肢を増やすと共に、どれを選択してもいじめられたり排除されないといった安心できる学校、人間関係づくりが同時に重要になります。こういった空間づくりなしには、自由な選択は成り立ちません。

一方で、「制服」そのものを問うことも重要でしょう。なぜ「制服」が必要なのか。その歴史、他国・地域の状況、学校教育の目的と「制服」の関係、私たちの「自由」と「制服」について、などなど、調べ、考えたいことはたくさんあります。

学校はさまざまな子どもたち、教職員が共に生活をする場です。そういった空間を、みんなが心地よく安心して過ごせるようにするにはどうしたらいいのか、共に考えることが大切です。

学校によっては、児童総会、生徒総会を通して、制服などの規定を変更する議論や決定をしたところもあるでしょう。生徒たちの議論をもとに、制服をなくした学校もあります。それとは逆に新たに制服を導入した学校もあります。いずれにしても、私たちが「校則だから」という理由で着用して（させられて）いる制服の意味を問い、私たちの「服装」について共に考えていくことが求められます。

対象▶小学生（高学年）以上

⓫ 恋バナしたい？したくない？

目的：多様性を大切にした関係づくり

学習指導要領（道徳）における位置づけ

B　主として人との関わりに関すること　［相互理解，寛容］ 小 中

※「特別活動」（学級活動）や「総合的な学習の時間」などでも使えます。

予想される答えの例（ワークシートに対して）

- 本当は一緒に話したいけれど、どう思われるかわからないから
- みんなで話せば楽しいはずだけれど、受け入れてもらえるか心配
- 話すと変だと思われるから怖い
- 恋愛感情に性別は関係ないが、実際はそうはいかない
- 話したくない人は話さなくてもいい

話し合いのポイント

- なぜ彼は思っているだけ（会話に入らない）なのでしょうか。
- なぜ彼は受け入れてもらえるか心配なのでしょうか。
- なぜ彼は「変だと思われる」と思っているのでしょうか（予想される答えを受けて）。
- 「恋する気持ち」とはどんな気持ちでしょうか。
- 恋をしているとき、その人のどんなところに恋をするのでしょうか。
- 「恋する気持ち」は性別によって違いがありますか？　共通点はありますか？
- 「恋する気持ち」は個人によって違いがありますか？　共通点はありますか？
- 恋バナに入りたくないことはありますか。どんなときですか。
- みんなが安心して話せるようにするにはどうしたらいいでしょうか。

ワークシート11

Q 一番左の男子生徒は何で話に入っていけないのでしょうか？
※下の記入欄に思ったことを書いてください。

恋心は異性に向く場合も、同性に向く場合も、誰にも向かない場合もある
楽しく会話できる関係性をつくる

　私たちの多くは、思春期になると他者に恋心を抱くことがあります。そういった気持ちを友だち同士でおしゃべりし、相談し、共感し合うといった「恋バナ」が多々行われています。その恋の相手は、先輩であったり、クラスメイトであったり、芸能人かもしれません。「どんな人が好き？」「このクラスに好きな人いる？」「芸能人で誰が好き？」、そんな会話から始まることもあるでしょう。いずれにせよ、「恋バナ」をすることで、友だち同士の関係がより深まったりします。それほどまでに思春期の若者にとって、恋愛は一大事なのです。

　その恋心は異性に向く場合もあれば、同性に向く場合もあります。しかし、この「恋バナ」は、多くの場合、男子が好きな女子同士で、女子が好きな男子同士で行われます。そんなとき、女子が好きな女子や、男子が好きな男子は、その「恋バナ」になかなか入っていけません。「好きなタイプは？」などと聞かれたときには、好きな同性を異性に置き換えて話したり、言葉を濁したり、恋愛に関心がないふりをしたりして、話に深く入らないようにすることもあります。なぜならば、同性を好きだということが知られてしまうと、友だちから「キモい」とか「おかしい」といった言葉を投げかけられ

⑪　恋バナしたい？したくない？

て、友だち関係にヒビが入ってしまったり、仲間はずれなどのいじめ、差別を受けるかもしれないといった恐れを感じているからです。

　でも、男の子が好きな人同士で、もしくは女の子が好きな人同士で、「あの人のこういうところがイイよね」「わかる、わかる」「自分とはちょっと好み違うな」「応援するよ」などと楽しく「恋バナ」することはできるでしょう。もしくは「恋をしている」という共通点で、みんなで楽しく話すこともできるのではないでしょうか。そういった共通点はありつつも、異性が好きな人の中でも、同性が好きな人の中でも、好みのタイプは人それぞれです。そのような違いも大切にしながら、楽しく「恋バナ」できる関係性をつくっていけるようにしたいところです。

　もちろん恋愛に興味がなかったり、「恋バナ」に入らなくても、十分に友情は深められるということも、留意しておきたい点です。

対象▶小学生（高学年）以上

⑫ 好きな人は誰？

目的：多様性を尊重した関係づくり

学習指導要領（道徳）における位置づけ

B　主として人との関わりに関すること　［友情，信頼］ 小 中

※「特別活動」（学級活動）や「総合的な学習の時間」などでも使えます。

予想される答えの例（ワークシートに対して）

- 男でもいいじゃん！
- 男が男を好きっておかしいよ
- それホモ（オカマ、オネエ）じゃん
- 性別は関係ないよ
- あいつモテそうだもんな
- で、タカトはコウキチのどんなとこが好きなの？

話し合いのポイント

- ナオキはなぜ「えっ、それ男じゃん！」と驚いたのでしょうか。
- テツマはナオキに何と言えば、このあと3人で楽しく会話ができるでしょうか。
- テツマはナオキに何と言えば、タカトは安心するでしょうか。
- 「ホモ」「オカマ」「オネエ」などの言葉は主にどんなときに使われるでしょうか。
- 「ホモ」などではなく、人を傷つけない言葉を知っていますか。
- 異性を好きになることを何て言うか知っていますか。
- 異性を好きになることと同性を好きになることの共通点は何でしょう。
- なぜナオキは同性愛者に偏見をもっていたのでしょう。その偏見はどこからきたのでしょう。
- 3人がこれからも友情を深めるためにはどうしたらいいでしょうか。

ワークシート12

Q このマンガを見てどう思いますか？
※ 空白の吹き出しにあなたの考えを書いてください。

「異性愛」も「同性愛」も「両性愛」も「無性愛」も、性の多様性の中に対等に位置づく

　恋愛感情や性的欲求がどの性別に向くのかということを、性的指向（セクシュアル・オリエンテーション）といいます。私たちの中には、女性を好きになる人、男性を好きになる人、男女とも恋愛対象になったり、好きになるのに性別を問わない人、誰にも恋愛感情をもたない人などがいます。

　自分の性別（多くは性自認、ジェンダー・アイデンティティ・性同一性で考えます）からみて異性を好きな場合が「異性愛」（ヘテロセクシュアル）、同性を好きな場合が「同性愛」（ホモセクシュアル。そのうち女性同性愛をレズビアン、男性同性愛をゲイといいます）、男女とも恋愛対象になる場合を「両性愛」（バイセクシュアル）、他者に恋愛感情を抱かない場合を「無性愛」（アセクシュアル、エイセクシュアル）といったりします。

　子どもたちの多く（たぶん95％近く）は異性愛者だと思いますが、その中には「異性愛」という言葉を知らない人もいるでしょう。なぜならば、それらの人たちは自分自身の性的指向を「普通」という言葉で表現してきたからです。しかし「異性愛」も性の多様性の中の一つとして位置づきます。子どもたちから「普通」という言葉が出てきたら、「それは異性愛っていうんだよ」と多様性の中に位置

⑫ 好きな人は誰？

づけ直すことが必要です（資料 多様な性の樹形図 p70～参照）。

　一方で、子どもたちは、同性を好きになることや、同性を好きになる人に対して、「おかしい」と言ったり、「ホモ」「オカマ」などという言葉で蔑んだりするなど、すでに偏見をもっています。子どもたちはそういった偏見をどこで学びとっているのでしょうか。家庭での会話から、また、テレビやマンガ、インターネットなどのメディアからたくさんの情報を得て、ワークシート12のような友だちとの会話で共有しています。そういったこともみんなで確認しつつ、さまざまな媒体から流れてくる情報、「知」を問い直しながら、みんなが安心して安全に生活できる学校、クラス、家庭や社会をつくっていく方法を考えてみましょう。

対象 ▶ 小学生（高学年）以上

⓭ どんな人が好き？

目的：多様性を尊重した関係づくり

学習指導要領（道徳）における位置づけ

A　主として自分自身に関すること
　　［個性の伸長］小
　　［向上心，個性の伸長］中
B　主として人との関わりに関すること　　［相互理解，寛容］小 中
　※「特別活動」（学級活動）や「総合的な学習の時間」などでも使えます。

予想される答えの例（ワークシートに対して）

- ●やさしい人　●同じ趣味の人　●女らしい人　●笑わせてくれる人
- ●背が高い人　●素敵な人　●まじめな人　●太ってる人　●年上／年下
- ●頭がいい人　●リードしてくれる人　●うそをつかない人　●かわいい人
- ●きれい好きな人　●髪が長い人　●かっこいい人　●食べ物の好みが合う人
- ●子ども好きな人　●スポーツができる人　●厳しい人　●歌がうまい人
- ●たくさんSNSのメッセージをくれる人　●料理ができる人　●女の人／男の人

話し合いのポイント

- ●自分の中でこれは譲れないという条件は何ですか。
- ●自分とすべて同じ項目をあげた人はいますか。
- ●他の人の項目を聞いて、いいなと思ったものはありますか。
- ●「やさしい」「かわいい」「素敵」とはどういう意味ですか。
- ●「男らしい」「女らしい」とはどういうことですか。違う言葉で表してみましょう。
- ●「女だから」「男だから」こういう人が好き、相手にこうしたいといったこだわりはありますか。そういったこだわりは本当に必要でしょうか。
- ●あなたのこだわりは、相手の人と対等な関係を築けるものですか。支配や依存になっていませんか。
- ●昔の自分の理想と変わってきたものはありますか。
- ●自分の好きなことについて安心して話せますか。

ワークシート 13

Q あなたはどんな人が好きですか？ どんな条件があなたにとって重要ですか？
※ 空白の吹き出しに書いてください。

好きになるタイプや相手に求めることが、性別や「らしさ」に縛られていないか

　私たちは、人それぞれに好きになる人のタイプや相手に求めるものをもっています。それは多くの人と同じものもあれば、他の人はあまり感じていない部分を重要だと思っている場合もあります。他の人、もしくは多くの人と違った場合、「そんな人が好きなの!?」や「趣味悪いね」と言われてしまうことがあります。そのようにネガティブに言われると、あまりいい気持ちはしません。

　パートナーとの関係において何を大事にしているかは人によって異なります。自分と他者がすべて同じ項目をあげるということはほとんどないでしょう。私たちは恋愛において、これまで「普通」と言ってきた異性愛と、少数派である同性愛や両性愛とに分けて、物事を語ることが多々あります。でも、こうやってみんなの恋愛観を比べてみると、異性愛／同性愛といったように簡単に分けることはできません。また「異性愛」とくくってしまうことも難しいかもしれません。なぜなら、その内実は、こんなにも差異があるからです。もしかしたら、ある異性愛の人にとって、ある異性愛の人よりも、ある同性愛の人との共通点の方が多いということも考えられます。

⑬　どんな人が好き？

　そう考えてみると、好きな相手が異性なのか同性なのかの違いは、本人にとっては大切な項目かもしれませんが、他の人にとっては、そんなに重要なことではないと思えるかもしれません。互いのそういった違いをもっと尊重できるようになるかもしれません。

　さらに、自分がこだわっていることや相手に求めるものが、「女らしさ」「男らしさ」といった価値観に影響されているものだったと発見することもできるかもしれません。こういった「らしさ」に縛られていると、パートナーと対等な関係を築けず、デートDVなどを引き起こしてしまう可能性も出てきます。このワークシートは、性的指向の平等性だけではなく、パートナーとの対等な関係性を考えるきっかけとして使えるでしょう。

Column マンガ カミングアウト

そういえばこの前、テレビでセクシュアルマイノリティのカミングアウトをテーマにした番組があった。

カミングアウトしたら「これを話すのスゴい悩んだんじゃない？相当な覚悟が必要だったでしょ。よくがんばったね」って友だちが答えてくれたって。

そりゃそうか。

みんな、すげーいい笑顔なんだよ。
そんな友だちがいっぱいいて
俺もめちゃ幸せなのに

ほんとは、異性愛者にもいろんなセクシュアリティの友だちがいるのに、気づいていないことが多いよね。

俺だっていつも自分がゲイだなんていわない。
とりあえず異性愛者のフリしとくもん。

コイツもそんなふうにいってくれるかな。
大切な彼氏や友だちの存在も隠したくないし。
男が好きって部分も含めていろんな要素がある俺のことをちゃんとみてほしい。
俺がコイツをそうみているように。

コイツとの友情を信じたい。自分の気持ちにもウソつきたくない。
やべぇ、すっげぇ緊張してきた——

…俺さあ、

ゲイなんだ。
男が好きなんだ。

※解説は64ページです。

参考資料（原作）：『大人になる前のジェンダー論』（はるか書房、2010）の p91～92「COLUMN カミングアウト5秒前」（渡辺大輔・執筆）

「カミングアウト」ってどういうこと？

Column コラム

　「カミングアウト」という言葉を聞いたことはありますか？　最近ではテレビなどのメディアで、「秘密の告白」や「過去のあやまちの懺悔（ざんげ）」のような意味合いで使われていることがありますね。でも本来はちょっと違う意味なんです。

　これは、LGBTQなどのセクシュアルマイノリティの人々が自分のセクシュアリティを他者に伝えることを意味しています。もともとは「coming out of the closet」（カミング・アウト・オブ・ザ・クローゼット）という英語の熟語からきているんです。つまり「押し入れ（クローゼット）から出る」という意味です。

　みなさんにとって、「押し入れ（クローゼット）」とはどういう場所ですか？　いろいろなものを片づける場所。友だちやお客さんが来るときに、その辺に散らばっていたものをとりあえず隠す場所。かくれんぼのときに隠れる場所。大切なものをしまう場所。自分一人になれて一番落ち着ける場所。人によって、いろいろな意味があるかもしれませんね。それでも何かをしまったりして、リビングルームなどの外からは見えないようにすることは共通している部分でしょう。

　セクシュアルマイノリティの人々がそのクローゼットの中に入らされて、外からは見えない存在にさせられている状況から、マジョリティ（多数派）の人たちが普段過ごしているリビングルームなどに出て、共に過ごしますよ、そこでみんなとこれまでよりももっとイイ関係をつくっていきたいと思っていますよ、ということなんです。

　もしカミングアウトを受けたら、そういった思いが込められているのかな？　と想像してみてください。そうしたら、たとえ突然のことに驚いたとしても、そのときに発する言葉が見つかるかもしれません。

　カミングアウトをする人も、そういった思いが伝わるように、根気強く話せる準備をしておくことも重要かもしれません。万が一、拒絶的な反応を受けてしまっても、それを相談できる、愚痴（ぐち）を言える友だちなどのつながりを先につくっておくとか。誰からカミングアウトをするかという計画を立てるとか。そういったものが心の余裕をつくってくれるかもしれません。

　現在は、誰も何も言わなかったら、その人の性のありかたはシスジェンダー（出生時に割り当てられた性別が性自認と一致している人）かつ異性愛だと認識され、それとしての言動を求められてしまいます。でも本当は、何も言わなければみんなの性のありかたはわからないはず。だから、いろいろな形の家族と共に、時にはいろいろな友だちを呼んだりして、もしくは一人でも、リラックスして楽しく過ごすことのできるリビングルーム（家、学校、職場、社会）を、みんなで力を合わせてつくっていきたいですね。

3
自分の生き方、みんなの生き方について考える

- ⑭ どんなデートがしたい？
- ⑮ どんな職業に就きたい？
- ⑯ 家族のカタチって何？
- ⑰ どっちが女/男役？
- ⑱ 「自分らしさ」が大切って言うけど……
- ⑲ 私ってどんな人？

対象 ▶ 中学生以上

⑭ どんなデートがしたい？

目的：多様性を尊重した関係づくり

学習指導要領（道徳）における位置づけ

B　主として人との関わりに関すること
　　［友情，信頼］ 小 中
　　［相互理解，寛容］ 小 中
※「特別活動」（学級活動）や「総合的な学習の時間」などでも使えます。

予想される答えの例（ワークシートに対して）

- 遊園地に行きたい
- ショッピングに行きたい
- カフェやレストランに行きたい
- 温泉に行きたい
- 部屋でのんびりしたい
- 映画を観に行きたい
- ドライブしたい
- ライブを観に行きたい
- カラオケに行きたい
- 手をつないで歩きたい
- 一緒にボルダリングをしたい
- 友だちカップルも一緒にバーベキューをしたい
- カップル割を使ってお得に楽しみたい
- 一緒に料理したい

話し合いのポイント

- 二人で（それ以上で）楽しめることをたくさんあげてみましょう。
- これらの中で、性別（異性カップル、同性カップル）によって制限されたり、推奨されたりするものはあるでしょうか。
- 同性カップルにあえて「どんなデートをしているんですか？」と聞きたくなるのは、どのような思い込みの影響でしょうか（異性カップルを前提にしているため、同性カップルを特別視しているため）。

ワークシート14

Q あなたならパートナーとどんなデートがしたいですか？
※下の記入欄に書いてください。

同性カップルも異性カップルも どんなカップルも、それぞれの希望が 尊重される社会に

　中学生ともなると、好きな人とお付き合いをして、デートをしたいと思う人も多くいると思います。いろいろな楽しいデートを夢見ていたり、すでに経験をしている人もいるでしょう。二人で、もしくは友だちも交えて、安心して楽しめるデートプランを考えてほしいものです。

　性的マイノリティの当事者がゲストスピーカーなどで子どもたちと話す機会をもつとき、「パートナーの人とはどんなことをしているんですか？」「どんなデートをしているんですか？」といった質問が出てくることがあります。そのときに、ゲストスピーカーが上記の質問に答えると、とても驚き、あることにハッと気づく子どもたちがいます。同性カップルの人たちは、異性カップルとは違って、とても特別なことをしているのではないか、といった思い込みを、自分がもっていたのだという驚きと気づきです。

　でも、あるゲイの人はこうも答えていました。「いつか遊園地を彼氏と手をつないで歩くことが夢です」と。本当はいろいろなところに出かけて、恋人として、パートナーとして、親密に振る舞いながら楽しく過ごしたい。異性愛カップルと同じように。だけど、周囲の目が気になり、あたかも友だち同士のような距離感を取ってしまったり、我慢してしまうこともある、と。

⑭　どんなデートがしたい？

　これについては、周囲の目を気にしすぎだと、その個人の責任に帰することなく、そう感じさせてしまっている社会の状況、私たちの日々の言動を見つめ直すことが重要になります。

　もちろん、"異性カップルであろうが同性カップルであろうが、してみたいデートってかわらないね"と共通性を確認することもできますが、"異性カップルであろうが、同性カップルであろうが、カップルそれぞれ、もしくは個人個人で希望も期待も違うよね、みんな同じデートコースじゃつまらないよね"と差異を確認し、尊重することも重要です。そういった方向から多様性の尊重につなげていきましょう。

資料 **多様な性の樹形図** 渡辺大輔試作 2015年

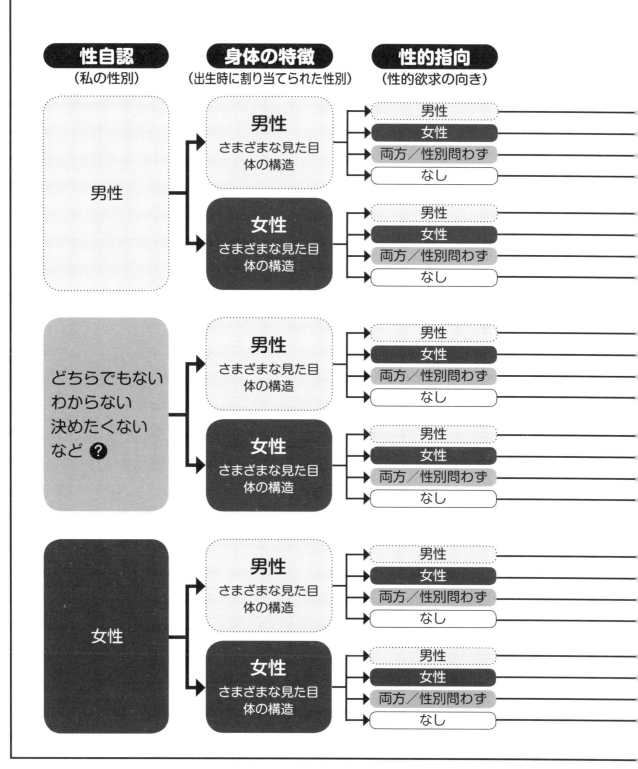

この図は、"性の多様性"をわかりやすく図式化したもの。性を構成する側面はいろいろあるが、これは「性自認（私の性別）」「身体の特徴」「性的指向（性的欲求の向き〈好きになる性〉）」の3側面だけの組み合わせを表したもので、ここに示したものが全てではない。この図では、自分

> FtM：Female to Male の略（出生時の女性ではなく、男性として生きる人／トランスジェンダー男性）
> MtF：Male to Female の略（出生時の男性ではなく、女性として生きる人／トランスジェンダー女性）
> MtX：Male to X ジェンダーの略（出生時の男性ではなく、性自認〈心の性別〉が X ジェンダーの人）
> FtX：Female to X ジェンダーの略（出生時の女性ではなく、性自認〈心の性別〉が X ジェンダーの人）
> X ジェンダー／ノンバイナリー：性自認が女性・男性の両方、またはどちらも当てはまらない、わからない、などの人

性自認 × 身体の性別　　　　性自認 × 性的指向

→ 男性のシスジェンダーで ……………… 同性愛（ホモセクシュアル／ゲイ）
→ 男性のシスジェンダーで ……………… 異性愛（ヘテロセクシュアル）
→ 男性のシスジェンダーで ……………… 両性愛（バイセクシュアル）
→ 男性のシスジェンダーで ……………… 無性愛（アセクシュアル）

→ 男性のトランスジェンダー（FtM）で ……… 同性愛（ホモセクシュアル／ゲイ）
→ 男性のトランスジェンダー（FtM）で ……… 異性愛（ヘテロセクシュアル）
→ 男性のトランスジェンダー（FtM）で ……… 両性愛（バイセクシュアル）
→ 男性のトランスジェンダー（FtM）で ……… 無性愛（アセクシュアル）

→ ❓のトランスジェンダー（MtX）で ……… ？
→ ❓のトランスジェンダー（MtX）で ……… ？
→ ❓のトランスジェンダー（MtX）で ……… 両性愛（バイセクシュアル）
→ ❓のトランスジェンダー（MtX）で ……… 無性愛（アセクシュアル）

→ ❓のトランスジェンダー（FtX）で ……… ？
→ ❓のトランスジェンダー（FtX）で ……… ？
→ ❓のトランスジェンダー（FtX）で ……… 両性愛（バイセクシュアル）
→ ❓のトランスジェンダー（FtX）で ……… 無性愛（アセクシュアル）

→ 女性のトランスジェンダー（MtF）で ……… 異性愛（ヘテロセクシュアル）
→ 女性のトランスジェンダー（MtF）で ……… 同性愛（ホモセクシュアル／レズビアン）
→ 女性のトランスジェンダー（MtF）で ……… 両性愛（バイセクシュアル）
→ 女性のトランスジェンダー（MtF）で ……… 無性愛（アセクシュアル）

→ 女性のシスジェンダーで ……………… 異性愛（ヘテロセクシュアル）
→ 女性のシスジェンダーで ……………… 同性愛（ホモセクシュアル／レズビアン）
→ 女性のシスジェンダーで ……………… 両性愛（バイセクシュアル）
→ 女性のシスジェンダーで ……………… 無性愛（アセクシュアル）

はどこに当てはまるか、どこにも当てはまらないか、そこにはどんな名前がついているか、他の人に知られたくない場合もあるので、頭のなかで考えてみよう。

対象▶小学生（高学年）以上

⑮ どんな職業に就きたい？

| 目的：さまざまな生き方を考える |

学習指導要領（道徳）における位置づけ

C 主として集団や社会との関わりに関すること
　　［公正，公平，社会正義］ 小 中
　　［勤労，公共の精神］ 小
　　［勤労］ 中

※「特別活動」（学級活動）や「総合的な学習の時間」などでも使えます。

予想される答えの例（ワークシートに対して）

- 性別にかかわらず、いろいろな職業に就くことができる
- 医者は男の人とか、看護師は女の人というイメージがあった
- 人種、民族、障がいの有無、性別や性的指向などにかかわらず、いろいろな人がいろいろな職業に就いている
- まだ性別に偏りのある職業もある

話し合いのポイント

- ここに示されている職業の他にも、性別に偏りのある、男女どちらかの性別をイメージされがちな職業はありますか。
- とても女性が少ない、もしくは男性が少ないことで問題になっている職業は何でしょう。
- 日本国憲法では職業選択の自由が保障されているにもかかわらず、さらに性別よりも個々人の能力の違いの方が多様であるにもかかわらず、現実としてさまざまな職業に性別の偏りがあるのはなぜでしょう。
- トランスジェンダーであることや性的指向の違いによって就職差別を受けることがありますが、その問題は何でしょうか。
- 私たちは職業を選択するにあたって、どのようなこと／ものに影響されているでしょうか。

ワークシート 15-1

Q いろいろな職業を描いたこの絵を見てどう思いますか？
※ 下の記入欄に思ったことを書いてください。

性別による能力の制限がなく、いろいろなことに挑戦できる環境が大切

　私たちは、日本国憲法第22条で職業選択の自由が保障されています。その中で、私たちは自分の意志でなりたい職業を自由に展望し、それに向けて学び、努力し、生き方を選択し、実際にさまざまな職業に就いています。"今時、性別で制限される職業もほとんどないし、自分自身、性別なんか気にしなかった。自分の職業は自分で選んだし、私の自由は保障されている。就きたい職業も自由に考えられている"…そう思っている人も多くいるでしょう。

　一方で、実際の従事者をみると、性別の偏りがある職業も多々みられます。例えば、国会議員、地方議会議員における女性の割合が少ないという問題については、国連の女性差別撤廃委員会から、性別の割合を規定するクォータ制などのポジティブアクションの導入など、是正への勧告を幾度となく受けています。理系に進む女性が少ないことから、女の子向けの学習セミナーなども開催したりして、女性の理系研究者などの促進を目指しています。世間では「リケジョ」という言葉も広まりました。職業だけではなく、企業や行政機関の管理職に女性が少ないことも問題になっています。一方で、保育士、幼稚園・小学校教諭、看護師、保健師、薬剤師、介護士、飛行機などの客室乗務員には女性が多く就き、男性は少数です。これらの職業は主に「ケア」の役割を担うイメージが強いものです。

⑮ どんな職業に就きたい？

「ケア」＝女性の役割といった固定観念が社会にあるために、私たちの職業選択、および人事採用もそれに沿って行われているのかもしれません。

子どもたちの"なりたい職業ベスト5"などというランキングも、男女で大きく異なるものがあげられています。子どもたちが思い描く将来展望も、個人差よりも性別による違いが大きく表れることもあります。

私たちは自由に職業を選んでいるのだから、こういった偏りは個々人の能力の問題ではないかと考える人もいるでしょう。しかし、私たちは非常に社会的な存在です。特に性別に関しては生まれた瞬間から（時には生まれる前から）多くの情報を受け取り、その中で価値観を身につけ、判断し、生きています。つまり私たちの判断はすでに常にこの社会の状況に左右されているということです。

子どものころから与えられるおもちゃが性別によって異なっていたり、男の子がお花屋さんになりたいと言うと「男なのに」と友だちや親から言われてしまったり、「お姉ちゃん、料理手伝って」と性別によってしつけが違っていたり。そういった経験を重ねる中で、男である／女である私に適する仕事の選択肢を絞っていきます。

職場の同僚や学校の教員が性的マイノリティだった場合の抵抗

⑮　どんな職業に就きたい？

　感・嫌悪感が管理職世代に多くもたれているという現実の中*、自分のセクシュアリティを隠し続けることに注力しなければならなかったり、書類上の性別と見た目の性別が異なることで採用にまで至らなかったりなどといった困難が性的マイノリティにはあります。

　近年は、これまで「女性の仕事」と考えられていた職業に男性が、「男性の仕事」と考えられていた職業に女性が就くこともみられるようになってきました。そこでは性別を問わずに安心して働ける環境の整備が必要です。育児・介護休業や保育所等の充実、長時間労働の解消といった労働環境や、それを運用する意識など社会的な課題についても、小学校高学年以上では学ぶことが必要です。

　子どもたちが性別やセクシュアリティにかかわらず自由に自分の将来を描くためにも、さまざまなロールモデルと出会うことなどを通して、性別によって能力を制限することなく、いろいろなことに挑戦できる環境をつくることが大切です。

＊釜野さおり・石田仁・風間孝・吉仲崇・河口和也『性的マイノリティについての意識——2015年全国調査報告書』科学研究費助成事業「日本におけるクィア・スタディーズの構築」研究グループ（研究代表者 広島修道大学 河口和也）編、2016年

※「ワークシート15-1」のあとに、右の「ワークシート15-2」もお使いください。

ワークシート 15-2

Q あなたはどんな職業に就きたいですか？
※ 下の記入欄に就きたい職業を書いてください。いくつ書いてもよい。

対象▶小学生（低学年）以上

⓰ 家族のカタチって何？

目的：さまざまな生き方を考える

学習指導要領（道徳）における位置づけ

C　主として集団や社会との関わりに関すること
　　［公正，公平，社会正義］小 中
　　［家族愛，家庭生活の充実］小 中
　　※「特別活動」（学級活動）や「総合的な学習の時間」などでも使えます。

予想される答えの例（ワークシートに対して）

- お父さん二人と子ども
- お母さん二人と子ども二人と犬
- お母さんとお父さんと子どもとおばあちゃん
- お母さんと子ども二人
- お父さんと子ども
- おじいちゃんとおばあちゃんと子ども
  （高齢の父母とその娘、祖父母と孫などが考えられる）

話し合いのポイント

- さまざまな家族について考えてみましょう。
- 構成員（養子、里子、人種・民族の違い、曾祖父、いとこ、ペットなど、を含む）
- 住む場所（さまざまな暮らし方、別居、児童養護施設、ホームレスなど）
- 家族の仕事（家の外で働く、家の中で働く、家族で自営業、家事を専業とする、失業・求職中など）
- 家事の分担（性別、年齢、関係性にかかわらず）
- 介護・看護（高齢期、障がいの有無、病気の有無、家族外のサポートの必要性）
- 趣味（それぞれに違う場合も、共通の趣味をもつ場合も）
- 関係性（仲が良いときも、けんかをするときもある、強い絆をもつ、離別する、わかりあえることも、わかりあえないこともある…など）

ワークシート16

Q それぞれどんな家族だと思いますか？　ほかにどんな家族があると思いますか？
※下の記入欄に思ったことを書いてください。　〈記入例〉お母さんと子ども一人

さまざまな家族のカタチがある さまざまな関係性の中で 自分が生きていることを知る

「家族」とはいったい何でしょうか。あなたの家族にはどのような人がいて、どのような関係性を築いていますか。そして、あなたはどのような人とどのような「家族」をつくっていきたいですか。

ある人は「お父さんとお母さんがいて子どもがいて、強い絆で結ばれている」といった関係性こそが「家族」だと考えるかもしれません。それ以外のカタチは想像すらしないかもしれません。

しかし、現実は違います。本書を手に取ってくれた学校の先生方や保護者の方々は、子どもたちの家族のあり方はとても多様だということを知っているでしょう。また近年は、外国からの移住者も増え、さまざまな人種や民族が入り交じっていることも知っているでしょう。もしくは、ご自身がそういった「家族」をもっているかもしれません。

なかには、とても仲の良い家族だけではなく、虐待を含め、関係を継続するには困難な家族を見てきたり、経験しているかもしれませんね。

ユネスコ『国際セクシュアリティ教育ガイダンス』*では、学習内容の第一に「人間関係」をあげ、そのうち最初に扱うものとして「家族」を位置づけています。5〜8歳の段階では、「さまざまな種類の家族のメンバーの例から、『家族』の意味を明確にする」ことが学習目標となっています。その際、重要となる考え方として、第一に「世界にはさまざまな種類の家族が存在する（ふたり親の家族、ひとり親の家族、世帯主が子どもの家族、世帯主が後見人、拡大家族、核家族、非伝統的家族　等）」といった「家族の多様性」をあ

⑯　家族のカタチって何？

　げています。それに次いで、「家族のメンバーは、それぞれニーズや役割を持っている」「家族のメンバーは、時にそうしたくなかったり、できなかったりすることもあるが、たくさんの方法で互いに助け合う」「ジェンダー不平等は、家族のメンバーの間における役割や責任のあり方に反映されることが多い」「家族は、子どもに価値観を教えるのに重要である」ということが重要な考え方だとしています。

　「家族」を語る際、「家族の絆」や「家族の大切さ」のみを強調することが多々あります。しかし、その「家族像」と現実の差異に苦しむことがあります。その原因を自分の責任として背負ってしまう子どももいます。そのようなときは、家族以外の人や機関などに助けを求めることができます。

　また、「お父さんとお母さんと子ども」以外の家族のカタチを「かわいそう」「不幸」だと価値づけてしまうこともあります。しかし、子どもたちは自分の現実の「家族」の中でスクスクと（時には葛藤を抱えながら）育っていきます。むしろ「かわいそう」といった言葉が、そういった家族やそこで暮らす子どもを「かわいそう」な存在にしてしまっているのです。「お父さんとお母さんと子ども」の家族だって、それぞれがさまざまな葛藤を抱えているはずです。

　将来、配偶者もパートナーも子どもも、もたず、シングルとして生活していきたいと思う人もいるでしょう。

　いずれにしろ、私たち「個」としての存在は、家族や、それ以外のさまざまな関係性の中で生きていきます。「家族」のもつ意味や働きを考えつつ、個である「私」を支えるさまざまな関係性にまで視野を広げてみると、私たちの学びも広がるのではないでしょうか。

＊『国際セクシュアリティ教育ガイダンス　教育・福祉・医療・保険現場で活かすために』ユネスコ編（浅井春夫・艮香織・田代美江子・渡辺大輔訳）明石書店、2017年

対象▶中学生以上

⑰ どっちが女/男役？

目的：さまざまな生き方を考える

学習指導要領（道徳）における位置づけ

C　主として集団や社会との関わりに関すること
　　［公正，公平，社会正義］ 小 中
　　［家族愛，家庭生活の充実］ 小 中
　※「特別活動」（学級活動）や「総合的な学習の時間」などでも使えます。

予想される答えの例（ワークシートに対して）

- 同性カップルはどっちかが男役でどっちかが女役だと思ってたけど、違うのかもしれない
- 自分の両親は共働きだけど、家事はちゃんと分担してる
- 異性カップルもそれぞれ自分の得意なことを活かせればいい
- なんで「女だから家事」なのかわからない
- そもそも「男の役割」「女の役割」っていう考え方がおかしい
- お互いに納得していれば役割があってもいいんじゃないか
- みんな早く帰れればいい

話し合いのポイント

- 同性カップルに対する「どっちが男役で、どっちが女役？」という質問の前提にはどのような価値観や思い込みがあるでしょうか。
- 「男の役割」「女の役割」と考えられているものにはどのようなものがあるでしょうか。
- これらのことを、あなたの家族、テレビドラマやＣＭに映し出されている家族、自分自身の理想と照らし合わせながら考えてみましょう。
- カップルがお互いに仕事をもち、家事と育児を分担できるようにするためには、どのような社会的サポートが必要でしょうか。

ワークシート17

Q このマンガを見て役割分担についてどう思いますか？
※ 下の記入欄に思ったことを書いてください。

性別と関係なく、
それぞれの力量・抱えているものを
勘案し、役割分担を考える

　同性カップルに質問したいこととして、「どっちが男役でどっちが女役？」というものがあげられることがあります。なぜこのような質問がなされるのでしょう。その前提には性別に関するどのような規範意識、価値観、思い込みがあるのでしょうか。きっと、「同性カップルも異性カップルと同じように性別役割があるはずだ」といったように、性別役割をもった異性カップルを基準とした考え方がありそうです。

　ではここで想定されている性別役割とは何でしょうか。男は外で仕事をすることを担い、女は仕事をしつつも家事も育児も主に担うといったものでしょうか。実際に、日本では6歳未満の子どもをもつ夫の家事・育児関連に費やす1日当たりの時間は83分と、他の先進国と比較して非常に短く、夫婦共働きでも夫の8割が家事をせず、7割が育児をしていないというデータが出ています。男性の育児休業取得率も民間企業で3.16％、国家公務員で8.2％、地方公務員で3.6％に留まっています。女性も第一子出産前後に就業を継続しているのは約5割で、半数近くの人がいったん仕事を辞めています。家族の介護も女性が多くを担っているのが現状です（内閣府『平成30年版 男女共同参画白書』2018年）。こういった状況が「当たり前」として認識されていると、同性カップルも互いに同様の役割分担を

⑰　どっちが女/男役？

しているのだろうと想像してしまうのでしょう。

　実際に同性カップルでも、一人が外での仕事を主に担い、もう一人が家事全般を担っているカップルもありますが、それは一方が「男っぽい」性格で、他方が「女っぽい」性格だから、そのように分担しているというよりは、それぞれの力量を勘案したら、結果的にそういった分担になったという方が多いのではないでしょうか。

　一方で、異性カップルは、まだまだ性別を前提にした役割分担が多々みられます。それは、働き方やネットワークなど社会システムが、それを前提として成り立っているからともいえます。その中で私たちの意識もつくられています。

　こういったさまざまなカップルの生き方をみることで、社会の大きな問題を考えることにつなげていくことが重要となります。

対象▶小学生（高学年）以上

⑱「自分らしさ」が大切って言うけど……

目的：「らしさ」・性別役割の枠組みを問い直す

学習指導要領（道徳）における位置づけ

A　主として自分自身に関すること
　　［個性の伸長］**小**
　　［向上心，個性の伸長］**中**
　　※「特別活動」（学級活動）や「総合的な学習の時間」などでも使えます。

予想される答えの例（ワークシートに対して）

- 「自分らしさ」は大切
- 「自分らしさ」って決めちゃうと、それもきゅうくつ
- 「これが自分らしさだ！」って思っていたものも変わっていくことがある
- 自分が思っている「自分らしさ」と、他の人が自分に対して思っている「あなたらしさ」が違うとつらい

話し合いのポイント

- 「女らしさ」「男らしさ」という枠組みで何かを言われたことはありますか。
- "「女らしさ」「男らしさ」ではなく「自分らしさ」が大切です"についてどう思いますか。
- あなたにとっての「自分らしさ」とは何でしょう。
- 「自分らしさ」とは異なる考え方や、異なる行動をしたいと思ったことはありますか。
- 自分が思っている「自分らしさ」と、他の人が自分に対して思っている「あなたらしさ」で異なることはありますか。
- これまで「自分らしさ」が変化したことはありますか。
- 自分の殻を破りたいと思ったことはありますか。
- 「らしさ」という枠組みについてどう思いますか。

ワークシート18

Q 「自分らしさ」とはどういうことだと思いますか？ あなたにとって「自分らしさ」とはどういうものですか？ ※下の記入欄に書いてください。

「自分らしさ」に縛られずに、「自分」を生きる

　「女らしさ」や「男らしさ」という枠組みにとらわれることなく、「自分らしさ」を大切にしていいんだよ、ということが、さまざまな場面で言われているのではないでしょうか。それ自体は、「女らしさ」や「男らしさ」といった固定化された性別役割意識を問い直し、または、その「らしさ」から外れた言動がいじめやからかい、差別の理由となってしまうことがないように、個々それぞれの違いを尊重していくための声かけとしては、とても重要なものでしょう。多くの人とは異なる部分はあるけれど、自分が「おかしい」のではなく、そういったものを「自分らしさ」と捉えて大切にしてもいいんだ、と認識することによって励まされる子どもたちもたくさんいるのではないでしょうか。

　一方で、この「自分らしさ」が、自分自身を縛ってしまうこともあります。一度「自分らしさ」という枠組みをつくってしまうと、「ちょっとこんなことをやってみたいけど、それって自分らしくないかな」とか、「これを選んだら、『それってあなたらしくないね』って言われちゃうかな」など、この「自分らしさ」に留まっていることを自分自身で求めてしまったり、せっかく「女らしさ」や「男らしさ」の枠組みから逃げられたにもかかわらず、今度は他者から思われている「あなたらしさ」の枠組みから逃げられなくなってしまったり。

⑱ 「自分らしさ」が大切って言うけど……

いったいこれはどういうことなのでしょうか。私たちは「女らしさ」「男らしさ」の枠組みにとらわれることなく、もっと自由に自分の生き方を楽しめるはずだったのに。

時が経つにつれて、身体が成長することによって、自分がいる場所によって、いつも一緒にいる友だちのメンバーが変わったり関係性が変わったりすることによって、メディアの発達やそこから得る情報によって、私の気持ちや意識、好みや志はどんどん変化していきます。したがって、本来は「自分らしさ」も変化していくものだと考えられます。

でもいったん「らしさ」という言葉でくくってしまうことによって、それがあたかも自分の本質であるかのように感じ、その「自分らしさ」を自分で守らなければならないと意識することが起こってしまいます。この「自分らしさ」を他者からも求められると、その期待から外れられなくなってしまうかもしれません。

私たちはもっと自由にもっといろいろなことにチャレンジできる存在です。他者からの「あなたらしさ」に縛られることなく、自分で「自分らしさ」の枠をはめることもなく、「自分」を何度も何度もつくったり、壊したり、ずらしたりして、広くて深い海のような「自分」という存在を生きていくことができるような環境（特に学校）を保障したいものです。

対象▶小学生(高学年)・中学生以上

⑲ 私ってどんな人？

目的：自分自身をみつめる（アイデンティティの形成）

学習指導要領（道徳）における位置づけ

A 主として自分自身に関すること
  [個性の伸長] 小
  [向上心，個性の伸長] 中
B 主として人との関わりに関すること　[相互理解，寛容] 小 中
※「特別活動」（学級活動）や「総合的な学習の時間」などでも使えます。

予想される答えの例（ワークシートに対して）

- 以前と比べて自分はとても変わった
- 以前と比べて変わらない部分もある
- 自分が望んでいたとおりに変わってきた
- 自分が思いもしなかった変化があった
- 以前の将来展望と、今の将来展望は異なる
- 以前から「なりたい自分」は変わらない
- 将来が不安
- これからの変化が楽しみ

話し合いのポイント

- 過去の自分はどんな人でしたか。
- 現在の自分はどんな人ですか。
- 過去から現在にかけて自分はどのように変化してきましたか。変わらないものは何ですか。その変化にはどんなものが影響してきましたか。
- 過去にもっていた将来展望と、現在もっている将来展望を比較してみましょう。
- 変化の有無の要因には何があるでしょう。
- これからの自分において、必要なもの（人とのつながりや支援も含む）はどのようなものでしょうか。
- 過去―現在―未来を通して変わらないもの、大切にしたいものは何でしょう。
- これまでも、これからも、自由の中で自分をつくり、将来を展望できていますか。
- 自由とは何でしょう。その自由を保障するにはどんなことが必要になるでしょうか。

ワークシート19

Q 「私」とは何者？ 過去の私は？ 現在の私は？ 未来の私は？ ※それぞれの吹き出しに「私」を表すことを書きましょう。また、下の記入欄に過去・現在・未来を比べて気づいたことを書いてください。

〈記入項目例〉小学生・中学生／好きな食べ物／好きな色／性別／セクシュアリティ／父母や祖父母の国籍（例：母がネパール人／祖父がロシア人）／出身国（例：中国生まれ、日本育ち／ブラジル生まれ、群馬県育ち／福島県生まれ、東京都育ち）／きょうだい（例：一人っ子／二人きょうだいの弟／三人きょうだいの一番上）／育ててくれた人（例：祖母に育ててもらっている／第三者の保護者に育ててもらっている）／趣味・特技／自分の居場所／職業／家族のもち方（結婚する／しない、子どもをもつ／もたない、など）／自分の夢

など、書きたいものだけ自由に書いてください。ここにあげた項目例以外のことでもかまいません。

"いろいろな人・こと"との関わりの中で、「私」をつくる

「私っていったい何者なんだろう」という疑問は、多くの人が抱いたことがあるのではないかと思います。

――私は中学生であり、女性であり、次女であり、弟の姉でもあり、学級委員長であり、友だちの中ではお笑い担当で、部活では補欠で、他国で生まれ日本で育ち、父は外国人で、母の祖父も外国人だったらしく、英語は苦手で、小学生のときの算数は苦手だったけど、中学校での数学はおもしろくなってきて、最近マンガが好きになり、一人の時間がけっこう好きで、片方の耳は以前より聞こえなくなってきていて、昔ほど泣かなくなり……。

自分を説明するといったら、こんなふうに説明するかもしれないけど、この説明は現時点のもので、明日にはちょっと変わっているかもしれない。

ここに書き出したものを全部そぎ落としたら、それが本当の私なんだろうか。「本当の」ってどういうことだろう。これ全部を包み込んだものが「私」なのかな。いろんなものが変わっても「私」は「私」だし、そこは変わらない気もする。それが「本当の私」っていうこと?

でも、さっき書き出したもの、どれも大事。過去から現在にかけて変わった部分もあるけど、だからといって過去の私が「嘘の」私なんかじゃない。それも「私」。今の私も「私」。きっとこれからの私もどんどん変化していくんだろうけど、それも「私」。さらに時

⑲ 私ってどんな人？

と場合によって、さっきあげたものの中でどれが大事になるかって変化する。「キャラ」を演じているような時もあるかも。それも「嘘」っていう訳でもない。

でもこの「私」って、私が一人でここまでつくってきたわけでもなく、いろんな人と関わりながら、いろんなことに影響されながら、ここまで来たし、これからもそうだと思う。

そう考えたら、「私」って何なんだろう。誰かの言うとおりに生きてきた訳じゃないけど、親や先生の言うことを渋々受け入れてきたこともある。それも最終的には自分で判断してきたつもりだけど、もしかしたら自分でも気づかないところで、いろんな影響を受けて自分の生きる道が方向づけられてきたのかも。「女だから」こうしなきゃいけないとは思ってない方だけど、たまにやっぱ女だし～とか、これ女子力高めでカワイイ！って思って選ぶものもある。——などといったようなことを、自問自答しながら、いろいろなことにチャレンジしながら、成功や失敗を繰り返しながら、いろいろな人との関わりの中で共に一喜一憂しながら、生きていく私たち。悩みのつきない私たち。

「本当の私」の部分だけで生きていくのはとても難しくて、いろいろな人やいろいろなこととの関わりの中で、「私」をつくっていくのでしょう。それならば、なるべく多くのことを自分で選択できるようにしたいし、そのためにはきっといろいろな人からの支えが必要になるのだと思います。

できる限り、自由に生きていきたい私たち。そんなふうに思っている私たちが集まるこの社会を、どうやって一緒につくっていくかということを考えるきっかけとして、このワークシートを使ってみてください。

おわりに

　本書を手に取っていただき、ありがとうございます。私たちの「性の多様性」について、私たちの生き方の多様性について、じっくりと考えるきっかけになってくれたら嬉しく思います。本書を手にしてくださったのは、学校の先生方かもしれませんし、学校で学ぶ子どものみなさんかもしれませんし、保護者、その他の教育関係者や、子どもの育ちに関わる方々かもしれません。いずれにおいても、本書を読みながら自分自身でじっくり考えたり、または、性別やセクシュアリティ、年齢や立場をこえて、いろいろな方々がみんなで考え合い、語り合っていただきたいと思います。

　2015年の文部科学省による「性同一性障害に係る児童生徒に対するきめ細かな対応の実施等について」が各教育委員会等に通知され、翌年に「性同一性障害や性的指向・性自認に係る、児童生徒に対するきめ細かな対応等の実施について（教職員向け）」という啓発資料が公表されたことによって、学校で「LGBT」や「性の多様性」についての学びの機会がつくられるようになってきました。この背景には、「性同一性障害」についての認知度が上がってきたことや、2015年に東京都渋谷区が全国に先駆けて、同性パートナーシップ証明制度を含む「渋谷区男女平等及び多様性を尊重する社会を推進する条例」を制定したことなどもあります。社会全体が少しずつ変化してきたと言えるでしょう。

　私がこれを執筆している2019年2月上旬、学校における「性の多様性」をめぐっても、いくつかの進展がみられました。東京都世田谷区の全区立中学校や埼玉県戸田市のある中学校では、2019年度から性別に関係なく制服を選択できるようになるという報道がありました。2018年度開校の千葉県柏市の中学校ではすでに性別に関係なくいろいろと組み合わせられる制服を導入しています。柏市の中学校では教員や保護者だけでなく、これから入学予定の子どもたちや地域関係者などからなる「制服・校内服等検討委員会」を立ち上げ、制服の導入からデザインまで検討していました。東京都中野区では、小学6年

生の女の子がクラスでアンケートをとり、その結果と希望を区長に届けた結果、2019年度から区立中学校での女子のスラックスの着用が可能となりました。このように、自分たちが多様である自分たちの学校をつくっていくという取り組みが広がってきたことをとても嬉しく思います。

　本書は2018年度（小学校）および2019年度（中学校）から「特別の教科」とされた「道徳」の時間に使っていただけることを想定してつくりました。その中で先生方は「道徳」における子どもたちの「評価」がとても気になっていることでしょう。私は、本来道徳の時間とは、子どもたちの主体性、多様性の尊重、自他の尊重、自治（意見表明、対話、権利と責任、参画）、共同ということを学び合い、それを自分たちの学校や地域で実践するための時間だと考えています。そういった学習が、先の中学校のように、自分たちで学校をつくり直していくといったことにつながっていきます。その場その時の「成果」から「評価」を考えてしまいがちですが、長期的な展望の中で、子どもたちが主体的に活躍する場をつくり、その子たちの成長・発達をみていきたいものです。

　最後に、本書の企画から、原稿の細部まで目を通し、適切なご意見をくださった子どもの未来社のみなさん、素敵なマンガを描いてくださった林明日美さん、オノビンさん、『知ってる？ LGBTの友だち マンガ レインボー Kids』等からマンガを提供してくださった手丸かのこさんに心より感謝申し上げます。できあがってくるマンガを拝見するたびに、マンガがもつ大きな力を実感しました。

　あらゆるセクシュアリティの子どもたちが、さまざまな属性を持ち合わせて生きるすべての子どもたちが、安心して安全に、果敢に挑戦的に、学校や社会を共につくり、将来を豊かに展望できるようになることに、本書が少しでも役に立てれば幸いです。

2019年2月5日
渡辺大輔

渡辺大輔（わたなべ・だいすけ）

埼玉大学ダイバーシティ推進センター准教授。一般社団法人"人間と性"教育研究協議会幹事。教育学博士。専門はセクシュアリティ教育。
講義、講演、執筆活動のほか、中学校・高校教員との授業づくりなどを通して、性の多様性について学校でどのように教えたらよいかを共に考え提案するなどの取り組みを進めている。
著書に『中学生の質問箱 性の多様性ってなんだろう？』（平凡社）、監修書に『いろいろな性、いろいろな生きかた』（全3巻、ポプラ社）、共著に『実践 包括的性教育』（エイデル研究所）、解説・監修書に『マンガ カラフル Kids（キッズ）』（子どもの未来社）、共訳書に『国際セクシュアリティ教育ガイダンス【改訂版】』（明石書店）など。

★本書のワークシート利用について
　本書掲載のワークシートは、個人（または団体）が学校内で利用する場合、または営利を目的としない学習活動のために利用する場合は、小社へ許可をとる必要はありません。コピーをしてご活用ください。「コラム column マンガ カミングアウト／『カミングアウト』ってどういうこと？」と「資料 多様な性の樹形図」も同様。

デザイン・DTP ●シマダチカコ
マンガ●手丸かのこ（p 9,p11,p33,p35）
　　　　オノビン（p47,p67,p69,p73,p77,p79）
　　　　林 明日美（他全て）
編集● 松井玉緒／企画協力● 堀切リエ

マンガワークシートで学ぶ
多様な性と生
ジェンダー・LGBTQ・家族・自分について考える

2019年5月18日　第1刷発行
2024年3月25日　第2刷発行

著　者●渡辺大輔
発行者●奥川　隆
発行所●子どもの未来社
〒101-0052　東京都千代田区神田小川町 3-28-7 昇龍館ビル 602
　　　　　TEL：03-3830-0027　　FAX：03-3830-0028
　　　　　振替　00150-1-553485
　　　　　E-mail：co-mirai@f8.dion.ne.jp
　　　　　HP：http://comirai.shop12.makeshop.jp/

印刷・製本●シナノ印刷株式会社
©2019 Watanabe Daisuke　Printed in Japan
ISBN978-4-86412-139-2　C0037

■定価はカバーに表示してあります。落丁・乱丁の際は送料弊社負担でお取り替えいたします。
■本書の全部、または一部の無断での複写（コピー）・複製・転訳、および磁気または光記録媒体への入力等を禁じます。複写等を希望される場合は、小社著作権管理部にご連絡ください。